Christian Barsch • Miniatur-Dialoge

Christian Barsch

Miniatur-Dialoge

Erörternde Vierzeiler

(Kleiner Gedankenbilderkreis)

FRIELING

Im *Frieling-Verlag Berlin* erschienen von Christian Barsch bereits folgende Bücher:

Hotel an der Brücke. Späte Gedankenbilder (ISBN 978-3-8280-3321-4

BRACK. Merkwürdige Sprüche und Berichte (ISBN 978-3-8280-3362-7)

Welt der Dämonen. Besondere Gedankenbilder (ISBN 978-3-8280-3386-3)

Bibliografische Information der Deutschen Nationalbibliothek
Die Deutsche Nationalbibliothek verzeichnet diese Publikation in der Deutschen Nationalbibliografie;
detaillierte bibliografische Daten sind im Internet
über http://dnb.d-nb.de abrufbar.

Eine Marke der Frieling & Huffmann GmbH & Co. KG
Rheinstraße 46, 12161 Berlin
Telefon: 0 30 / 76 69 99-0
www.frieling.de

ISBN 978-3-8280-3396-2
1. Auflage 2017
Umschlaggestaltung: Christian Barsch

Printed in Germany

„Mit Riese Fortschritt, meine
ich, müssen wir zanken.“ –
„Der Arme: lange Beine
und kurze Gedanken.“
X/Y

Teil 1

1 – 182

1 – 5

„Alte Langweilreihe.
Einerlei.“ –
„Siehs neu, sags aufs neue,
dann ists neu.“

*

„Klarheit strebe zu verbreiten,
sei nicht verzwickt.“ –
„Einfach reden von zwei Seiten,
ob das uns glückt?“

*

„Flächenchaos. Wirrnishülle.
Brett mit Kleie.“ –
„Kerbt den Boden Schicksalsrille,
wächst Baumreihe.“

*

„Schlüsselfigur. Volk außer Rand und Band.
Und alle Türen offen.“ –
„Lieber am Rand, wenn nötig, an der Wand.
Und ohne Schlüssel hoffen.“

*

„Wenn alle Türen offenstehn, weit sehn.
Von allem nimm Notiz.“ –
„Wie auf der Straße. Kommen. Zu weit gehn.
Durch kalte Wohnung ziehts.“

„Der Locken goldne Welle quillt
unter Mützenschild …“ –
„Wie schön. Da sonnenungeschützt
kahler Schädel blitzt.“

*

„Fremden Blicks ins Weite träumen
tanzt aus dem Glied.“ –
„Meine Wortwelt aufzuräumen
bin ich bemüht.“

*

„Du arme Muse, mußt du wiederum
vor leeren Stühlen singen?“ –
„Wer Kunst darbringen will: das Publikum
ist derzeit mitzubringen.“

*

„So bunt – doch achtet mans wie Müll
und will es nicht erproben.“ –
„Tu das, was jeder ringsum will,
dann wird es jeder loben.“

*

„Durch ein Tor, das Wunsch nicht offen wähnt,
entfliegen Traumgestalten.“ –
„Große Leere, da sie einmal gähnt,
mag ihre Hand vorhalten.“

„Es herrscht im Schönheitsschloß, dem vielverehrten,
Drachenhausdame?“ –
„Der Teufel, um die Regel aufzuwerten,
schuf die Ausnahme.“

*

„Nicht doch! Denn wahre Schönheit ist so selten
wie ein Wunder.“ –
„Leider. Es heißt, lassen wir nichts mehr gelten,
alles Plunder.“

*

„Wenn ihr das Ergebnis zählt:
hab mich umsonst gequält.“ –
„Wird der rechte Weg verfehlt,
wird doch der Schritt gestählt.“

*

„Weißreines Hemd zu finden
laßt uns sorgen.“ –
„So ists. Die großen Sünden
straft Gott morgen.“

*

„Die Welt: Herrn Gottes Riesenmonolith,
Menschzähne daran auszubeißen.“ –
„Der Zeitenzahn muß leider, wie man sieht,
ihn zu zernagen sich befleißen.“

„Leben wünscht sich ständige Bewegung,
Ruhe sollen Tote haben.“ –
„Fortschritts, Neustraße, Friedhofsverlegung
wegen Tote ausgegraben.“

*

„Grünschöner Sommer, meint selbst der Allerger,
läßt uns hoffen.“ –
„Nur wird noch mancher ziemlich grün vor Ärger
angetroffen.“

*

„Vor Ärger grün – das heitre Grünrings
wird fleißig graugeärgert.“ –
„Der Mensch ist kühn. Wird er drum kühnlings
ins schwarze Aus gekerkert?“

*

„Himmel auf Erden – Tatziel jedermannes.
Nicht in traumgoldnen Wolken schweben!“ –
„Nicht in den Wolken schweben – aber kann es
Himmlischeres als Wolken geben?“

*

„Gedanken blitzen oft von Abgefeim,
Reim, Rhythmus leiern leider.“ –
„Gedanken sind der Leib, Versmaß und Reim
stützend schmückende Kleider.“

„Das Hirn voll von Gemerk,
Gestalt: fast Zwerg.“ –
„Und: Körper wie ein Berg,
im Kopf nur Werg.“

*

„Lichtpfeile schwirren durch sanft wiegend Blattgrün.
Welch heller Sommertag!“ –
„Da möge sich manch Vierzeilsprüchlein sattglühn
dem, der es lesen mag.“

*

„Ein virtuoser Spieler. Doch ein Fitzer,
wie gewöhnlich.“ –
„Seis drum. Das gute Werk machen erst Schnitzer
menschenähnlich.“

*

„Fehler nach Kräften zu vermeiden
sind wir berufen.“ –
„Das Leben ist ständiges Schreiten
durch Fehlerstufen.“

*

„Was vermag ein Kopf, wenn er vergißt,
überm Katheder?“ –
„Wenn die Tinte eingetrocknet ist,
was tut die Feder?“

„Daß – Blitzdonnerhagelelement! –
man Ärgernis vermeiden könnt.“ –
„Glaube fast, du wärst – es ist zum Lachen –
bestrebt, es solchfalls hauszumachen.“

*

„Der, dem Freund Hein sein Schicksal zeitig zeigt,
mag krank gar lange erdenwallen.“ –
„So kann es gehn. Der, dem er es verschweigt,
wird plötzlich rücklings angefallen.“

*

„Das Wort, das wir mit Andacht lesen,
ist anfangs Bild gewesen.“ –
„Bleibt Hoffnung, daß ein Wortgeplänkel
Bild werde Kind und Enkel.“

*

„Wie wir und unsre Werke doch vor Jahren
noch unvollkommen waren!“ –
„Und wie ihr, denkt die weithin kluge Zeit,
jetzt unvollkommen seid!“

*

„Seit langem haben wir gestritten
für Lockerung der Sitten.“ –
„Draus werden schließlich wir Kraft finden,
sie wieder festzubinden?“

„Bin klugen Sprüchen nicht recht wohlgesinnt,
weil auch das Aber oft recht hat.“ –
„Ein Klugspruch ähnelt Zwei-Gesichter-Spind:
innen voll Inhalt, außen glatt.“

*

„Das Wunder Kopf, drin vielfach bös, auch edel,
enthält eine Welt.“ –
„Skalpräparierts der Sensenmann zum Schädel,
zerfällt eine Welt.“

*

„Die Karten stimmen? Kahler wirds und kühler
auf den Weltenfahrten.“ –
„Der Mensch hat, degradiert er sich zum Spieler,
selten gute Karten.“

*

„Staatsdinge sind zumeist das Allgemeine,
Verswelten das Spezielle.“ –
„Das Allgemeine wirkt als bunte Schelle,
Spezielles als das Feine.“

*

„Erörtert Politik nun das Spezielle,
schwelgt Poesie im Allgemeinen.“ –
„Erstere mißt mit Meilenstolpersteinen,
letztere mit herznaher Elle.“

„So vieles ward getan –
wie wars zu strecken?“ –
„Schwimme den Fluß hinan,
spring nicht ins Becken.“

*

„Von Diktatoren höre ich und Füchsen,
Reformern und stillen Genies?“ –
„Regiere Weltwirr, such es auszutricksen,
verbeßres – andern Falles fliehs!“

*

„Ein durch und durch zufriedner Erdengast,
entledigt er sich langer Last.“ –
„Das heißt: Nun hat er wieder starke Waden,
sich eine neue aufzuladen.“

*

„Mit Beifall kluge Sprüche zwar verstehen,
doch auch nach ihnen handeln?“ –
„Kann man nicht freundlich manche Schöne sehen,
ohne gleich anzubandeln?“

*

„Er zahlt so prompt, daß Lob nicht folgen kann,
weil – nun, er ist ein Ehrenmann.“ –
„Weil noch nicht abbezahlten Schuldbeträgen
der Schein anhaftet von Vermögen.“

41 – 45

„So einer hohen Sonne Kraft verlischt,
wird Ereignis blaß.“ –
„Sehr wahr. Frag, wenn die Zeit es weggewischt,
Wie? Warum? Und Was?“

*

„Wo immer man das Landesschiff besteure,
der Schuldberg wächst ins Ungeheure.“ –
„Muß uns da nicht die feine Aussicht frommen,
dem Tief einst auf den Grund zu kommen?“

*

„Was sind die Mühn, ich frag unter der Hand,
unsre Gesamtmoral zu heben?“ –
„Appelle gegen eine Felsenwand,
in deren Echokreis wir leben.“

*

„Frau Wissenschaft will ständig überraschen:
waschbar sogar jetzt unser Blut.“ –
„Wir sollten lieber unsre Umwelt waschen.
Auch unsrer Seele tät es gut.“

*

„Da rennen sie. Rennen auf heißen Sohlen.
Wen gilt es einzuholen?“ –
„Ein jeder muß ihm wichtigen Geschäften
sich an die Fersen heften.“

„Daß permanent sich zwei Parteien zanken,
macht mir fast Seelenqual.“ –
„Polaritätlos würde Welt erkranken,
zankfrei wär nicht normal.“

*

„Was höre ich von fürstengleichen Stars
zuletzt: ‚Das also wars?‘“ –
„Kühn unter Goldblau in Menschtiefen loten,
mehr wird hier nicht geboten.“

*

„Sein Geisterintimus und er sodann …
drei Stunden … Sand des Schweigens rann …“ –
„Zwei Tanten hab ich, die sind leicht beredter:
Schwatzfaden mißt schon Kilometer.“

*

„Störrische Hammel! Grenzumrammeln
Weitstreben, es zu sammeln.“ –
„Spielt Strunk wie Strauß sanftestes Lamm –
Zeit bricht den dicksten Damm.“

*

„Ist nicht in starren Zwanges Zangen
schon manche Lust vergangen?“ –
„Es wirkt, als wollten sie mit Stangen
Zeit hinter Mauern fangen.“

„Was ist wichtig? Firstreporter Dort
stürmt damit zur Redaktion.“ –
„Richtig. Tüchtig! Aber morgen schon
hängt es still an stillem Ort.“

*

„Will Sprache uns durch Dialekt-Zerrlarven
gleichsam foppen?“ –
„Sie arrangiert sich vom Klar-Kühlen, Scharfen
zum Saloppen.“

*

„Man legte – grundlos? mit Grund? – dir zur Last
das, was du versgestückelt hast.“ –
„Läßt Alltag Dichterexistenz betreiben?
Muß hinter seinem Rücken schreiben.“

*

„Bild soll genügen? Du nebst deinem Grillsinn
fern vom lebendigen Trubeln?“ –
„Wenn es ganz still ist, wenn ich selbst ganz still bin:
leis hör ich Publikum jubeln.“

*

„Neue Züge? Gabt ihr ihnen
denn auch neue Schienen?“ –
„Neue Züge, neue Gleise –
wo geht hin die Reise?“

„Ein Rest des Hauses steht noch da,
drin einst wir friedlich wohnten." –
„Fein, daß wir im Reformtrara
uns diesen Rest verschonten."

*

„Von kühnen Helden hören wir oft melden,
wobei kaum je Mut wir verspürten." –
„Vielleicht wärs gut, wenn wir bei diesen Helden
gewissermaßen hospitierten?"

*

„Umgangs gibt er häufig sich zu freundlich,
dann so finster, daß wir stutzen." –
„Wird bald, denn Fassade ist vermeintlich,
sein Privatgesicht benutzen."

*

„Parade schöner Rücken, gut zu ehren,
bestaubt schweigende Zauberweiten." –
„So Buch, so Mensch: der Welt den Rücken kehren,
und drinnen viele, viele Seiten."

*

(„Viel Schwatzwortmehl. Wie Sand am Meer.
Taghast schwemmts hin und her." –
„Schwer dem, was spült und rollt und tollt,
entquält sich ein Korn Gold.")

„Das hätte sie vielleicht nicht sagen müssen.
Die ganze Stimmung ist zerrissen.“ –
„Hast recht. War wie nach himmlisch süßem Happen
quer ins Gesicht ein nasser Lappen.“

*

„Hörsts knarren, da sich Hirne arg verrenken,
die Welt glasklar zurechtzudenken?“ –
„So denk ich leider nie. Lieber begreife
ich nicht, eh ich mich drauf versteife.“

*

„Zulieb Notiz von Stund-, Nam-, Notenwogen
kalendergierig Pädagogen?“ –
„Mir lieber statt Lehrerkalenders – denn der
terminpeitscht! – wär leerer Kalender.“

*

„Würdst du dich mitteilen, nicht dich verhehlen,
könntest du brennen, nicht nur schwelen.“ –
„Präzis. Weltzweifler stets, muß ich mich quälen,
nicht Spruch, doch für ihn Zeit zu stehlen.“

*

„Langsamer Grübelreigen,
Tat kaum vom Flinken.“ –
„Langsam, behutsam steigen
und langsam sinken.“

„Haben ist eins, empfinden ist ein zweites.
Nähern sie sich zuletzt?“ –
„Was wärs, wenn du für Nähte engen Kleides
nicht großen Maßstab hättst?“

*

„Mein Denkmodell steht gut im Raum,
kannst es schlecht leugnen.“ –
„Brauch deine Wahrheitskinder kaum,
hab meine eignen.“

*

„Es ziemt sich wohl für wahrhafte Poeten,
Goldsilbervollmond anzubeten.“ –
„Nur, wenn Glanzflut aufs Kissen niederfährt,
wird auch Poetenschlaf gestört.“

*

„Mild müht sich Mond, durch Nachtgewölk zu scheinen,
die Welt in Frieden zu vereinen.“ –
„Will er? Nun, daß Schein trügt, ist allgemeine
Weisheit. Drum hält man sich an Scheine.“

*

„Der Mensch, ein Spiegel? Spiegel Gott? Noch heute
sollten wir dies besprechen.“ –
„Spiegel hat Silber und hat graue Seite,
kann schneiden und zerbrechen.“

„Ja, Seligkeit steht hoch. Und träge
der alte Adam drunter.“ –
„Seel reicht nicht aus dem Noch. Drum lege
ein Blatt des Glaubens unter.“

*

„Hähne, Elstern, Tauben schlagen
morgens Krach höchst dreist.“ –
„Machen spruchreif sozusagen,
wie Figura weist.“

*

„Grobsteinig unsre Lebensbahn,
mag Stolpern uns nicht werfen.“ –
„Steine des Anstoßes, um dran
unseren Witz zu schärfen.“

*

„Es sprengt dem Fortschrittskilometerzähler
den Rand die Nadel, und mit Lust.“ –
„Weit hinten hören schadenfroh die Fehler:
‚Das hat man damals nicht gewußt.‘“

*

„O weh und ach! Frau Welt hat Fieber
und Not mit den Gelenken.“ –
„Bleibt nun nichts übrig, als darüber
die Arme zu verschränken?“

„Da hilft kein Fragen und kein Klagen:
müssen das Päckchen tragen." –
„Mir wichtig wär vor allen Dingen:
wohin wollen wirs bringen?"

*

„Frau Welt, jetzt chronisch mißgelenkig,
war früher zartbeweglich." –
„Drum lenkt sie auch nicht ein, so denk ich,
ist launisch, unverträglich."

*

„Da! Ihr hört es knarren?
Karren der Narren." –
„Not wärs, zu verharren.
Hast will erstarren."

*

„Was nicht den Kindern guten zukunftsvollen
Weg öffnet, sollte man nicht treiben." –
„So ist es. Und was sie nicht lesen sollen,
sollte man eigentlich nicht schreiben."

*

„Der Philosoph macht seinen Kopf matt. Darf
ihn nicht verlieren. Weg wird steiler." –
„Schönweg, verlornem Wert- und Windgeharf
macht der Poet seine Vierzeiler."

„Zwei Namen für ein Ding –
Dinggott dinggeizend?“ –
„Ein Name für Dingring –
poetenreizend.“

*

„Seht fürstinhaft das Fräulein Scholz,
doch: wär sie nicht so stolz.“ –
„Stolz stellt nicht nur der Frau Bestteil,
stolz hieße Welt noch heil.“

*

„Nachts bringt der Rundfunk herrlichste Musik,
viel Klassik reinsten Wassers …“ –
„… schwört Dunkelheit wohl auf des Lichts Replik,
auf Werke des Erblassers.“

*

„Zweckpraxiswelt spricht: ‚Narretei!‘
von Sprüchen und Verwandtem.“ –
„Der Spruch lacht drüberhin, vorbei
an blind ins Joch Gespanntem.“

*

„Ich will mein Leben brav gestalten,
kann ich da Schärfen brauchen?“ –
„Du magst, soll sich das Holz nicht spalten,
die Nagelspitzen stauchen.“

„Wir können wohl der Potentaten
schwerlich entraten.“ –
„Muß man den Clan von hohen Tieren
deshalb hofieren?“

*

„Er sucht im stillen roten Fadens Öse,
den Sinn der Welt, Kern vom Getöse.“ –
„Still oder laut, im guten oder bösen:
Das Rätsel Welt ist nicht zu lösen.“

*

„Schmoll meinte eingeschnappt, das sei der Gipfel,
stets hätt er von der Wurst den Zipfel.“ –
„Da kann er froh sein, wenn er – zipfelsatt –
nicht auch vom Bett nur Zipfel hat!“

*

„Drückend dieses stete Gleich der Tage,
selbst die Wohltat wird zur Plage.“ –
„Schnall den Riemen eng, dann wieder weiter:
Alt wird neu, und du wirst heiter.“

*

„Dem Anmaßdenker bleibt wie seinem Fan klar:
Die Welt ist, und sie ist erkennbar.“ –
„Vom Weltallwirbelwirr trennt dies ein Haar:
erkenn-bar, des Erkennens bar.“

„Heiterkeit gewinnt, nimmt ein. Dies wußt ich
von jeher. Darum immer lustig!“ –
„Alltagswitze kleben grelle Tusche,
darunter fitzt Problemgehusche.“

*

„Viel Geduld und sehr viel Fläche kosten
dicke Einzelredeposten …“ –
„… jeder von unseren Dialogen
wölbe einen kleinsten Bogen.“

*

„Dumme Winterwolle wächst –
scheren oder schwitzen?“ –
„Fleißig Fortschrittsrolle kleckst:
klären oder – Mützen.“

*

„Hört, hört! Klardurchblick mangle unsren Reden.
Wortwust wärs, bunt und kreppig.“ –
„Wir sehn Figuren tanzen, ahnen Fäden –
wer trennt ihn auf, den Teppich?“

*

„Was hältst du eigentlich vom Stil,
der heiklen Künstlermiene?“ –
„Darüber diesmal nur soviel:
Ein Leben gibt Routine.“

„Du meinst, ein Stil zum Beispiel gliche
gutausgeschriebner Handschrift?“ –
„Das sagt vielleicht das Wesentliche.
Obgleich es nur den Rand trifft.“

*

„Von Rätseln sprichst du, Spintisierer?
Um uns sei Nebelschicht?“ –
„Auch Blindheit ist kein Reiseführer.
Und Rätsel glänzen nicht.“

*

„Der Praxismensch, pochend aufs Einmaleins,
sieht außer Zeitungsrätseln keins.“ –
„Tja, Rätsel sind nur, weil sie sich maskieren,
von Eingeweihten aufzuspüren.“

*

„Da heißt eins unsrer vordringlichsten Ziele:
Wir bauen mehr Automobile …“ –
„… und bauen Luftschmutz-, Schrott- und Unfallstaus,
und reißen dafür Bäume aus.“

*

„Laut Zeitung ist man im gesamten Raum
schon wieder tüchtig beim Baumpflanzen.“ –
„Schonungen helfen nicht mehr. Dem Großganzen
nützt nur weltweiter Weisheitsbaum.“

„Ein jeder, der im Bad und Bild ist, kennt
das kleine weiße Wörtchen -dent.“ –
„Für Hungertuch, Granit putzt Nagebeiß
und Gras. Zeitzahn strahlt ewig weiß.“

*

„Der Schreiber Zacharias Schrot
spräch so, wär er nicht tot.“ –
„Wir tuns ja nicht um Ruhm und Brot,
es ist uns Herzgebot.“

*

„Die Forscher suchen wie in kaltem Fieber
neue Lebenskaliber.“ –
„Manipulierwut färbt so manche Szene –
tabu sei Reich der Gene.“

*

„Man weiß, nicht einzugrenzen sind die Folgen.
Hofft man darauf, daß Regen wasche?“ –
„Es kriechen einmal aufgestiegne Wolken
nicht mehr zurück in ihre Flasche.“

*

„Wer Finger reicht, des Hand man will – bekannt
längst, gilts heut nicht geringer.“ –
„Daktyloskop, nahm Sünde überhand,
bleibt stets bei einem Finger.“

„Sackstraße, die am Ende zu,
heischt Umkehr ohne Trick.“ –
„Wir spielen lieber Blindekuh:
Voran und nie zurück!“

*

„Wer sich Bildgesicht in jede Wand schabt,
verfremdet seine Wohnung.“ –
„Stimmt. Wer Rhythmus zu großzügig handhabt,
verwirrspielt die Betonung.“

*

„Sieben Tage, sieben Töne
in Siebenlehn, Siebeneich.“ –
„Siebenschwein und sieben Schwäne
und sieben auf einen Streich.“

*

„Welch Riesenwerk! Man schweigt vom Umgescharr,
dem ganz von Menschentum entblößten.“ –
„Es nennt gewiß zu Recht der größte Narr
den eignen Kopf den allergrößten.“

*

„Ein Teil der Reimspruchkollektion
recht eingängig, fast schön.“ –
„Ein Traum. Als hätten wir sie schon
in andrem Kleid gesehn.“

„O zarte Majestät, Königin Rose!
Schönheit, nie zu besiegen.“ –
„Besonders, wenn die Blütenblätter lose
im Gras darunter liegen.“

*

„Er humpelt sehr. Allein trotz Pein
kommt er auf Krücken gekrochen.“ –
„Höchst achtbar dies. Besser ein Bein
als ein Versprechen gebrochen.“

*

„Da haben sich zwei ein Versprechen gegeben
und sind darin grenzlos beseligt.“ –
„Er hat sein Versprechen – vergessen. Soeben
hat er eine andre geehlicht.“

*

„Die Noten, die der Schüler schrieb:
eng und am Zeilenanfang.“ –
„Ein echter Straßenbahnbetrieb:
leer hinten, vorne Andrang.“

*

„Gut so! Wenn wir Frieden wollen,
dürfen wir nicht grollen.“ –
„Aber um uns drin zu wiegen,
müssen wir ihn kriegen.“

„Sollten dem Reim verschiedner Dichtersachen
ein wenig Zugeständnis machen.“ –
„Geht auch auf einem braven Lebenstrab
nicht ohne Konzessionen ab.“

*

„Als man das Urteil ausgesprochen,
begann er – nicht zu kochen.“ –
„Beherrscht am besten wird Gesichtsqual
mitunter im Gerichtssaal.“

*

„Nachdem das Volk lange gelitten hatte,
will kreuzquer es Protest aufschäufeln.“ –
„Wie Pulverkörnchen sich auf einer Platte
durch Schütteln hin und wider häufeln.“

*

„Gibt alles, was wir sehn und drehen,
die Ehre sich, zu vergehen?“ –
„Nein. Spinnweb, Staub, Rost, Moder geben
sich trotzig ewiges Leben.“

*

„Ein grauer Tag, feucht pflanzenlieb und lau,
so recht, um nachzudenken.“ –
„Was Bleibendes wir auf Glattfläche senken,
hellst leuchtet es aus Grau.“

„Dem Kamm sind Zacken ausgebrochen,
vom Haar fehlt manche Strähne.“ –
„Dem Weltrad fehlen gleichfalls Zähne,
und das nicht erst seit Wochen.“

*

„Solang noch fest die Klammern,
nicht jammern!“ –
„Wahr! Da wir noch ergattern,
mags rattern.“

*

„Dein In-dir-Zerreiben
laß bleiben –
das Um-uns-her heilen!“ –
„Und eilen!“

*

„Vermutlich meint man, Moder und Geloder
sei Gabe lieber Feen??“ –
„Wir können uns dran übersehen oder
es einfach übersehen.“

*

„Was heißt denn dichten ? Allerorten
Gedankenkorn passieren.“ –
„Vergebens rühren wir in Worten,
wenn nicht die Worte rühren.“

„„Ha! Unmodernes Reimgetüm!‘
hört man wen sich erbosen.“ –
„Reimkleid ist so schön weich. An ihm
will er sich lüstern stoßen?“

*

„Unterm Kleid steckt schier
Figur. Und Knochen.“ –
„Darauf möchten wir
vernehmlich pochen.“

*

„Herrje! Da sah der Herrgott jäh:
die Weltenachse trocken!“ –
„Nun hilft nichts, als sie peu à peu
zum Schmieren aufzubocken?“

*

„Die Weltachse zu schmieren scheint schon dringlich,
gar, daß sie das längst nötig hätt.“ –
„Gesamtreparatur wär unerschwinglich,
drum gebt ihr ungesäumt ihr Fett!“

*

„Jugend hats gut: weit von gesetztem Zielhalt
staunkosten unbegrenzte Vielfalt.“ –
„Ja. Altersfernblick zunehmend bewußter
wird endlos wiederholtes Muster.“

„Leider will sie jetzt in Trübsal schwelgen
hinter hartgewordnen Bälgen.“ –
„Bring ihr bei, daß Leben noch in ihr rinnt.
Leben ist, solange wir sind.“

*

„Angst entfacht, wie eng sich Jahre – Werke,
War und Wird zu Kreisen fassen.“ –
„Soll sich Gleichmaßanzug tragen lassen,
braucht es etwas Seelenstärke.“

*

„In Ruhe gefragt: Warum kann man nicht mal sich nett grämen?
Warum gleich den Zeitfluß aus seinem Bett nehmen?“ –
„Stells weg das Buch, wenn gern Gelesnes vorbei ist.
Das Leben hat eben auch eine Leihfrist.“

*

„Beflißnes Gründe-Gegengründe-Wiegen,
daß sich die Waagebalken biegen.“ –
„Menschenverstand fühlt ohne Frage richtig:
Es nicht zu tun allein ist wichtig.“

*

„Novemberlaub und Vogelschrei
und Nebel. Und ein Wann.“ –
„Da wende du den Blick vorbei.
Solch Bild lockt Trauer an.“

„Klugjugend, die vorbeitrifft,
landet im Sumpf.“ –
„Ein feingespitzter Bleistift
wird schneller stumpf.“

*

„Wie kann ich mich vorm Prügelstock
des grauen Alltags sichern?“ –
„Am besten wohl in Morgenrock
bei Lampe, Tee und Büchern.“

*

„Ins Auge Sand? Blutrausch-Revolution
heißt Pfeffer in die Nase streuen.“ –
„Gib acht: bald wird Gerichts Posaunenton
vom Niesreiz unsre Welt befreien.“

*

„Sieh da: Seel schlägt schon ihre Augen weg –
aufs Eis der Peinlichkeit zu gehen …“ –
„Modemann Grob läßt Angeeck-Gegeck
gekonnt als Geldballett sich drehen.“

*

„Muß nicht das stete Hinundhergewese
Nachrichtensprecher irritieren?“ –
„Im Laden drüben unsre Frau Friseuse
gedenkt sich niemals zu genieren.“

„Grabkreuze – Trauer im Duden?
Veraltetes Wortgut?“ –
„Friedhof, je mehr Wort man forttut.
Ich warne im guten.“

*

„Man will die Welt und mindestens
per Wissenschaft erneuern.“ –
„So? Kaum wer denkt gesündestens
das Örtchen auszuscheuern.“

*

„Was man tiefgründlich tut,
finden wir gut.“ –
„Und was wir nicht ergründen,
wird uns einst finden.“

*

„Gutbild-, Gutgedankensegen
gut verknüpfen.“ –
„Über solch Vorlage mögen
wir gut hüpfen.“

*

„Dia- bedeutet auseinander.
Sind Logoi Zanksequenzen?“ –
„Wir streben uns im Spruchgewander
fortlaufend zu ergänzen.“

„Sehen wir des Kleinen Los
richtig in Verrissen?“ –
„Besser ist, das Kleine groß
als Groß klein zu wissen.“

*

„Geisttrostmordkanonen sollen hier
Schrott sein gleich Seelsäbeln!“ –
„Schlechtes Großes ferner wollen wir
inbrünstig vermöbeln.“

*

„Indes wir zwanglos uns am Viel ergötzen,
will Schadvolk unsren Vorrat schänden.“ –
„Wir sollten Speck, statt welchen anzusetzen,
wohl mehr zum Mäusefang verwenden.“

*

„Die armen Mäuse. Jedermann will leben.
Darauf basiert der Weltenlauf.“ –
„ Das A und O: dem Körper Nahrung geben.
So frißt denn eins das andre auf.“

*

„Wir sind, vom Alten noch nicht halb gekräftigt,
bereits mit neuem Zeug beschäftigt.“ –
„Vergeßt nicht, vor dem Neurezeptaushecken
den Finger in den Hals zu stecken!“

„Was du ererbt, versuche zu erhalten,
womöglich zart neu zu gestalten.“ –
„Muß Sprüchlein, sie ob Pflicht nicht zu verlieren,
bis zum Notieren memorieren.“

*

„Er und sein guter Geisterintimus
sind nicht nur groß im Schweigen …“ –
„… da sie per dialogischen Versfluß
als Wir ihr Innres zeigen.“

*

„Der Mensch erzeugt ein Mehr, als er
zum Leben nötig hat.“ –
„Dann macht ihn ungefähr dies Meer
mit Sorg und Arbeit matt.“

*

„Wenn durchweg jedermann so vieler Ehre,
wie er verdient, teilhaftig wäre.“ –
„Nicht weniger gäbs ehrenvolle Namen.
Weil viele früher nichts bekamen.“

*

„Da wir zurückgehn, auf Gewesnes zielen:
viel, drauf wir damals nicht verfielen.“ –
„Es ist des Alters zweifelhafter Vorzug:
Rechtblick und -wort dem, das emportrug.“

„Es hält beschürzter Wirt die Kerze hoch,
sein Gast steigt steile Treppe hoch …“ –
„… der Weingeist steigt befreit zur Decke hoch,
am Himmel stehn die Sterne hoch.“

*

„Wie kläng ein Götterdialog, ein krauser,
weit hinter allen Seins Trara?“ –
„‚Komischer Vogel, Erdwelt!‘ so Gott A.
Gott B: ‚Und derzeit in der Mauser.‘“

*

„Der Mensch. Was baut er? Wem traut und wen haut er?
Sind Ansicht und auch Absicht lauter?“ –
„Vielleicht macht ihn ein Miteinander weiser
und insgesamt ein wenig leiser.“

*

„So mancher schleppt sein Bauchgehangel
umher, sogar manch Junger.“ –
„Menschangel dreht. Heißt Ist, nicht Hunger,
heißt Haben, heißt nicht Mangel.“

*

„Wichtigster Mann in Jugend wie im Alter
wär er, Materialverwalter?“ –
„Stimmt. Er gibt Kleinidee, gibt Reim und Zänglein.
Das übrige tun gute Englein.“

„Wollt übersehn, ins Weitentfernte gehn,
durchsehn. Den Wind hört ihr dann wehn.“ –
„Wer zeitig fleißig einzusehen lernte,
geduldet sich gen rechte Ernte.“

*

„Blühende Bäume bilden Bilder
und Balsam Aug und Lungen.“ –
„Wald spricht: ‚Zu beidem hat uns still der
Notwendiggott gezwungen.‘“

*

„Ganz unendlich überhohes Glück,
daß es schier das Herz verdreht.“ –
„Weils die Höhe ist, stärke den Blick,
sprich fürs Abwärts ein Gebet.“

*

„Wir haben alles das, was wirklich klug,
schon einmal irgendwo gesehen.“ –
„Es gilt das Menschfreundkluge nicht genug
zu suchen, lesen, denkzudrehen.“

*

„Zu voll der Napf von Übersüß
schafft Ekel vor dem Essen.“ –
„Nie satt wird Kopf. Will überdies
auch zwischendurch vergessen.“

„Nie satt der Kopf? Und wenn sich Denkreihn mischen,
daß er am liebsten nichts hört-sieht?“ –
„Es kann zuweilen schon geschehn. Inzwischen
bekommt der Magen Appetit.“

*

„Verwegen summt im Kopf die Spruchmaschine,
eines erzeugt sich aus dem andern.“ –
„An einer Kette – fleißig Bien an Biene –
kann mancherlei in Waben wandern.“

*

„Nacht All, Stern Erde, Kontinent,
Staat, Kleinstadt, Straßeneck …“ –
„… Kaufhalle, Kopfflut – einem rennt
Spruchreih durchs Hirnversteck.“

*

„Uns gehts nicht wie dem Dichter Balduin,
den die Gelegenheiten fliehn …“ –
„… Einkaufskorb in der, Brille nicht zur Hand,
sind hilflos wir nach Haus gerannt.“

*

„ Ein Plan sei gut, meint messerscharf BB.
Wärs günstiger, wir fingen Grillen?“ –
„Wer keinen Plan sich macht, weiß Muhme Reh-
len, braucht auch keinen zu erfüllen.“

„Der Vers, der Reim – nach alter Norm.
Da will Gedanke scheinen.“ –
„Es hängt so manche Uniform
über recht dünnen Beinen.“

*

„Kopf, der über Orden steht,
glaubt man, sei geehrt fein?“ –
„Holla! Wenns ans Morden geht,
will er nicht gestört sein.“

*

„Jedwedes Sein hat seine Zeit. Ein Ei,
ein Blatt, selbst ein Gedicht.“ –
„Der Mensch auch kennt sie. Nach dem ersten Schrei.
Zu guter Letzt oft nicht.“

*

„Alleinsein. Stärkres Wundennagen.
Innehalt. Geist nicht bohrmatt.“ –
„Einsamkeit. Leichter zu ertragen,
sofern man etwas vorhat.“

*

„Viel Knackrätsel, da ja der Baum so viel Nüsse
geplant hat. Im Herbst gibt es Schüsse.“ –
„Doch braucht dies das Dach keineswegs zu bedrücken:
die Eichhörnchen helfen dann pflücken.“

„Sehr schnell kann sich ein Leben wandeln,
        und wenns durch Krankheit ist.“ –
„Am besten, dergestalt stets handeln,
        als wäre wenig Frist.“

*

„Ein Butterbrot liegt auf den Gehwegsteinen,
        ich hör es leise heftig weinen.“ –
„Daß es da halb verzehrt am Wege liegt,
        zeigt an, was heute Brot noch wiegt.“

*

„Und wenn es nun noch schräger säß,
        wär es da zeitgemäß?“ –
„Daß doch die Zeit sich mäßige,
        die so gefräßige.“

*

„Oft Unfall auf atomgetriebnem U-Boot.
        Tät uns nicht nurmehr Ruh not?“ –
„Welt todschattenumkrampft von Höllmaschinen,
        und sie – spielt noch mit ihnen.“

*

„Man denkt, wie sie auch sei, die kühle Ding-Sicht,
        der Schritt ins Rückwärts ging nicht?“ –
„‚Hinter euch karges Land, vor euch der Abgrund!‘
        tut nachtmachtvoll das Grab kund.“

„Ins Ohr bös, wie auch immer ihr es meint, schrillt
das Unwort ‚Feindbild'." –
„Besser, als sich verbiestert anzuöden,
ist doch gut reden."

*

„Bei ein paar Sprüchen, sonst recht brav im Gange,
hört man leis kleine Zange?" –
„Mag sein. Ich zwickte, was dir keine Ruh läßt,
manch Ecke etwas zu fest."

Teil 2

183 – 366

„Wir glaubten der Trockenheit wegen
　　　an Regen.“ –
„Die Trockenheit spürt es genauer:
　　　nur Schauer.“

*

„Der Wissenschaft gilt unser ganzes Streben,
　　　sie wird uns alle überleben.“ –
„Nun! Wenn längst andre in die Röhre gucken,
　　　soll unser Leuchtzahlwerk noch zucken.“

*

„Du rennst und rennst mit Macht. Denn Erster treibst
　　　du dich zu sein vor allen.“ –
„So du an einem Haken hängenbleibst,
　　　belohnt dich härtres Fallen.“

*

„Führen vor, wenns sein soll, beste Torte.
　　　Fraglos führend sind Importe.“ –
„Dennoch: neben allen Schleckerein
　　　führt auch Großzügigkeit ein!“

*

„ Zum Thema Frohsinn sagte jüngst die Trauer:
　　　‚Ich schau aufs Grau, hinter die Mauer.‘“ –
„‚Sehr freuts mich‘, sprach da vor sich hin der Frohsinn,
　　　‚daß ich recht anders und nicht so bin.‘“

„Wir sollten uns nicht blind und ohne Not
zu Tierschützern aufmützeln.“ –
„Jawohl. Wir machen schon Insekten tot,
wenn sie nur leise kitzeln.“

*

„Den nächsten Spruch aus sich herauszusaugen,
läuft er wie träumend durch die Welt.“ –
„Und hinterher wird eifrig festgestellt:
Der hat gelebt mit wachen Augen.“

*

„Ein sehr besonderer Gesichts- und Haarschnitt
bringen gewöhnlich bald Gefahr mit.“ –
„Sie ist so engelschön! Goldlockenbronnen
krönt sie zur Ersten der Madonnen.“

*

„Wichtigen Mann nennt sich Herr Wegbereiter,
und das in denkbar jedem Fach.
Stoßt an das Rad!“ – „Manchmal läufts zu weit weiter,
machts es zu bremsen uns fast schwach.“

*

„Musik denkt man sich bei der Hitze leise –
der Pianist auf Tastenreise
mit Vehemenz.“ – „Da bleibt sein Hemd nicht trocken.
Hofft er, so Regen anzulocken?“

„Meine Schüler besser zu betreuen
 will und will mir nicht gelingen.“ –
„Schreib auch stets die gleichen Krikeleien,
 nur per Lupe zu bezwingen.“

*

„Wie seltsam Jugendstraße Zeitenlauf zeigt,
 nach langem müd ihr Pflaster spüren.“ –
„Altmilder Duft, der unvermittelt aufsteigt,
 sich hauchhaft wieder zu verlieren.“

*

„Wer hat nicht seinen frühen Zaubergarten,
 ein für ihn ferngeheimes Reich?“ –
„Trockne sehn kaum das Land des so Vernarrten,
 ders liebt, und käm es Ödnis gleich.“

*

„Mir bilden Verse und Entstehungsorte
 für lange unlösbaren Reigen.“ –
„Allein für mich von Wert, es läßt dein Worte-
 gebind mein Orteeinst aufsteigen.“

*

„Reizvolle Falschbetonung, frischekeck –
 Rechtanfang schütz vor Leserirrnis.“ –
„Reizvolle Schönheit mit dem Leberfleck
 verführ nicht in verrufne Wirrnis.“

„Vogelkonzert früh um vier.
Möglichkeitsmeer offen.“ –
„Abends zehn Uhr. Boot am Pier.
Manches ward getroffen.“

*

„Zu allem konnt er mühlos sich bequemen,
nicht dazu, daß sie ihn nie ernstnahm.“ –
„Hilfst deiner Seligkeit, wenn du es lernst, Kram
und gleichfalls Sie nicht ernstzunehmen.“

*

„Beschwerlich manchmal Weltbetrachtung: Straßen-
bahnwackeln, Zettelkram – Versmaßen
und -bildern huldigen in Aufschreibnöten.“ –
„Schlag dich zum En-passant-Poeten.“

*

„Ehrwürdige Gasse, wo einstmals Richter verkehrten
und Ratsherrn, Edle Hohen Chores,
durchunfriedlicht jetzt von farbig Hahnkammbewehrten,
den Punks.“ – „O tempora, o mores!“

*

„Heiß hasten sie durch ihre Mühn
und sträuben ihre Haare.“ –
„Sacht Regen tropft durch Wipfelgrün.
Betrachtung ist das Wahre.“

„Das Spiel wird drahtiger und gratiger,
wohin will Zwecktun uns noch führen?“ –
„Gäb es im Land keine Pragmatiker,
du könntest nicht moralisieren.“

*

„Wie paßt der Dreifuß, rauchfeuerdurchfackelt,
ins Kreuz Nordsüdwestost? Wo tippt
er seine Füße hin?“ – „Wer weiß. Zwar wackelt
er nicht, worüber er leicht kippt.“

*

„Parkpromenade. Mauerwerkgestöhn trist
in flachen Villen, Verfall übt,
baumgetarnt, dran.“ – „Antiker Typ, der schön ist,
den Zeitoffenheit nicht mehr liebt.“

*

„Können uns ständige
Sprüche erfrischen?“ –
„Wollen lebendige
Bilder dreinmischen.“

*

„Hat man auf dem linken Wegrand
Schritte angefangen …“ –
„… ist es schwer, zur rechten Regwand
wieder zu gelangen.“

„Ein Jahr an einem Bild – er muß den Grad
höchster Vollkommenheit erwerben.“ –
„Kaum. Mir scheint mehr, er plant durch Über-Tat
das Bild vollkommen zu verderben.“

*

„Herr Z braucht kleine Ewigkeit,
verlorne Uhr zu finden.“ –
„Verlorne Uhr, verlorne Zeit.
Eins ließe sich festbinden.“

*

„Ach, hätte man die Möglichkeit,
mehr Zeit ans Bein zu binden!“ –
„Schritt gegen Sturm. Fort eilt die Zeit
leichtfüßig mit den Winden.“

*

„Reichlich Tage, die nicht stets bequem sind,
schenkt er Hobby, dem Problemkind.“ –
„Da ist klar, daß er sich wie ein Lord fühlt,
wenn Zeit Unbequemes fortspült.“

*

„Was bewirken falsche Worte?
Bös Wortgefecht.“ –
„Gutes Wort am rechten Orte
rückt Bös zurecht.“

„Just war eines von den kühnen Assen,
die gern Wahrheiten hinkrachen.“ –
„Ist das klug? Sich unbeliebt zu machen,
kann man andern überlassen.“

*

„Was sagte Fräulein Schlampemut
zu ihrer Freundin Zimmer?“ –
„Sie meinte: ‚Ich bin doch ganz gut,
denn andre sind noch schlimmer.‘“

*

„Durch goldnes Tor ins Leben schoß er –
Goldonien sei entdeckt.“ –
„Oft konstatiert der alte Schlosser:
‚Tore sind gern defekt.‘“

*

„Der Früh wünscht, er erblicke
recht viele Glücke.“ –
„Der Spät zahlt dann die Zeche
für viele Peche.“

*

„Der Früh befürchtet schwer
sehr viel Malheur.“ –
„Danach zeigt Rückwärtsblick
dem Spät viel Glück.“

„Daß Wunsch durch Nachkommen zermürbt,
 ist das die ganze Reihe?“ –
„Nein. Auch eh alte Sorge stirbt,
 gebiert sie zwei, drei neue.“

*

„Dem armen Dickfußmann gings nicht mehr gut,
 Chirurg mußte zubeißen.“ –
„Nahms Dick gelassen?“ – „Kaum. Wollt sich vor Wut
 sein zweites Bein ausreißen.“

*

„Ein alter Bauernhof: wie traulich,
 so recht zum Augenlaben.“ –
„Nahem Vernunftblick gilt er graulich,
 ich möchte ihn nicht haben.“

*

„Die Fahrt wird langweilig.“ – „So? Nun,
 dann müßt ihr eben kentern,
da habt ihr Kurzweil, denn zu tun,
 das Schiff erneut zu entern.“

*

„Kerzenflammen wallen.
 Zeit. Geduld. Wachen.“ –
„Kann man nicht aus allen
 Sachen Kult machen?“

„Schwache malmt vor allen
der Starken Rachen.“ –
„Wenn die Starken fallen,
lachen die Schwachen.“

*

„Was soll man mit so viel kurznackten,
manchmal verzwackten Sprüchen?“ –
„Mischt nach Gerüchen Lebensküchen-
gewürz aus Grillextrakten.“

*

„Strebst du wahr und weltgerecht zu schreiben,
nimm die Pflicht des Alltags an.“ –
„Zwanglos aufs Papier mein Rings zu treiben,
hindert erstlich sie mich dran.“

*

„Ein Reißverschluß, macht er mal Schluß,
bringt Langstreckenverdruß.“ –
„Gerißner Knopf – wenig fatal:
der Schaden bleibt lokal.“

*

„Da lachten sie toll, wie von Krampf geschüttelt,
der Grund dafür blieb unermittelt.“ –
„Beim Weinen ist der Grund meist offenkundig:
der Herzensgrund ist weh und wundig.“

„Wollen immer tiefer, immer schneller
in Problemabgründe dringen …" –
„… um in dem erreichten dunklen Keller
lauthals unbändig zu singen."

*

„Ein Großer nach Erhalt von Anerkennung
fragschaut unter seine Dächer." –
„Habs auch erlebt. Ein Kleiner wird durch Nennung
seines Namens immer frecher."

*

„Er war der Welt freundfeind, voll Tadellob,
war Philomisanthrop." –
„Das kenn ich gut. Man kann sie nicht recht leiden,
jedoch erst recht nicht meiden."

*

„Nichts so heiß, das nicht noch kalt, nichts weich,
das nicht hart werden könnte." –
„Wahrlich: Frisch wird bleich – verzagt an euch,
niemals am Elemente."

*

„Weh, daß der Lebensstoff von Anbeginn
Löcher und Falten hat." –
„Die Zeit, die große Nähe-, Plätterin,
schaffts fernerhin wohl glatt."

„Jeden zieren, niemand mags bestreiten,
Posi- und Negativseiten.“ –
„Fragt sich nur dabei, was überwiegt,
welcher Seite wer erliegt.“

*

„Ist eine Unbill kurz vorm Ende,
muß man nicht mehr schimpfen.“ –
„Zähl Nieten nicht, wähnst du die Hände
voll von dicken Trümpfen.“

*

„Anbrennduft abgerochen:
die Hexen kochen.“ –
„Erdklumpen scheint ein Ofen
für Katastrophen.“

*

„Kochhexe will den Topf zudecken
Feinnasenkunst zulieb.“ –
„Etwas von dem, was Gott so trieb,
wär gleichfalls zu verstecken.“

*

„Flammschmerzen neben andren Strafbegleitern
sollen ins Jenseits läutern?“ –
„Kein Selighimmel kann für Höllenqualen
manch Erdenwurms rückzahlen.“

„Die Guten durchfröstelt von eisigem Schauer.
Da macht das Gesetz eine Mauer,
Schadfürchtig genauer zu schützen auf Dauer.“ –
„Das Böse indessen ist schlauer.“

*

„Wie einigst du dich mit Devisen
wie: Keinen oder diesen?“ –
„Bin, da die Vielfalt quälerisch,
nie selbstquäl-wählerisch.“

*

„Ein schlimmer Zustand: von Idee bedrängt
und ohne Schreibgelegenheit.“ –
„Noch schlimmer: hast Papier und Stift und Zeit,
doch kein Gedanke in dir denkt.“

*

„Privilegien und Protektion –
Haß steigt auf aus tiefem Grollschacht.“ –
„Solchen Hassens extra scharfen Ton
wirbelt hoch die Sondervollmacht.“

*

„Der ewige altjunge Zeitfluß rauscht –
Denkmäler werden ausgetauscht:
Kurz gegen Lang, Schmal- gegen Breiteres.“ –
„Bis spätestens auf weiteres.“

„Licht, das nicht unterm Scheffel steht,
man kann es mühlos putzen;
dies beides – Strahlen, Raffen – geht
zugleich.“ – „Zu unsrem Nutzen?“

*

„Bescheidenheit auf deutsch heißt Dummheit?
Sie schnuppert nur am Kuchen.“ –
„Schönstes der Duft. Verstecktheit, Stummheit
soll man wie Pilze suchen.“

*

„Wird jemals sich ein kleines Licht
zum großen Stern entwickeln?“ –
„Vielleicht. Sanftmut, bald ausgepicht,
darf nicht mehr still hinglückeln.“

*

„Wenn du keinen harten Herren dienst,
magst du still im stillen thronen.“ –
„Niemand stört dein Feld, das du begrünst,
deine Müh wird sich nicht lohnen.“

*

„Und rauschen unsre Werke nicht gleich Kronen –
die Luft scheint föhniger.“ –
„In Wahrheit sind wir alle Epigonen,
mehr oder weniger.“

„Lautstärke, die nach Äußrung strebt,
    wird intensiv verteidigt.“ –
„Das Leise, das fein still hinlebt,
    hat noch kein Ohr beleidigt.“

*

„Zu schalten, hör ich mahnen, und zu walten,
    sei dringend, und die Welt zu ändern?“ –
„Das war. Jetzt gilt, sie gültig zu erhalten.
    Teilweise stehn wir an den Rändern.“

*

„Schwerwiegend, Bomben oder Steine werfen.
    Ob das siegt?“ –
„Wir sollten, statt zu werfen, sacht entschärfen.
    Blick genügt.“

*

„O nein, sie reißens nicht herum, das Steuer,
    im Zweckwirrmeer, sind fort geschwommen.“ –
„Das wird sie, heißts auch jetzt, viel sei zu teuer,
    viel teurer noch zu stehen kommen.“

*

„Was hilft ihm, der sich auf sein Werk versteifelt,
    vor allen Dingen?“ –
„Der Augenblick, an dem er an sich zweifelt,
    läßt nichts gelingen.“

„Ein Heer von Würmern plagt
hölzernes Haus.“ –
„Den Wurm, der Herzen nagt,
den treibe aus.“

*

„Jetzt wird es besser, unser Wohl und Weh,
da wir durchs Sternmeer navigieren?“ –
„Die guten Sterne sollen aus der Höh,
nicht aus der Näh zum Guten führen!“

*

„Hin weisen Nornen auf unaufhaltsamen
wilddunklen Höhlenflüssen.“ –
„Die wir in unseren Seekisten kramen,
wollen davon nichts wissen.“

*

„Nicht des Meeres Ganzheit sehn, doch Winden
fest sein, achten jedes Riffs!“ –
„Müssen uns wie Märchens Geisterschiffs
Kapitän am Mast festbinden.“

*

„Treibhauseffekt des Fortschritts läßt gleich Teigen
randüber Luxusmeere steigen …“ –
„… den Boden unter unsren Füßen sinken,
Erfahrung unterm Sternzelt trinken …“

„Und wärs ein Hohler-Gehen,
stets weitergehen!“ –
„Man braucht nicht weit zu gehen
fürs Wohlergehen.“

*

„Im Meer? Am Berg des Nichts, hinter Vierwinden
begrabne Flaschenpost.“ –
„Ho! Weht Nord oder Süd, bläst West, pfeift Ost,
gleichviel: man wird sie finden.“

*

„… und es entstand millionenhoher Sachschaden
durch höllische Flut.“ –
„Da kann sich Nachbar Teufel in Gelach baden.
Was gern er auch tut.“

*

„Wie hartes Licht des Tagpflichtreiches
sanfte Seel zerstückelt!“ –
„Melancholie: das Ich in weiches
graues Tuch gewickelt.“

*

„Immer die alten Geschichten,
mitnichten nur Gichten.“ –
„Brich denn mit deinen Gerichten,
von Milch leb und Früchten.“

„Heranwehen, Drehen und Gehen
stets gleicher Ideen.“ –
„Ganz groß und bedenkenlos wurde
seither das Absurde.“

*

„Dracula soll Hirne putschen,
nicht Blut nur lutschen.“ –
„Nun, de facto tun das Ihre
die Klein-Vampire.“

*

„Pleiteprognosen,
Bergbalancen …“ –
„… zart wie Mimosen
unsre Chancen.“

*

„Stolznachricht: Ein Halbpfennigplättchen faßt
jetzt eine ganze Bibel.“ –
„Es pflastert, was in unsren Kopf nicht paßt,
die Straße namens Übel.“

*

„Wir lassen unsre Negativa
als Blumen sprießen.“ –
„Sind sie zwar keine Sedativa,
sie lassen grüßen.“

„Wandelt, wie immer Pflicht war.
Im Guten, im Bösen.“ –
„Wechsel sind unverzichtbar.
Die Zeit wird sie lösen.“

*

„Jugend atmet Glück, läufts nicht in Richtung Assi:
die Welt ist fast noch glatt.“ –
„Sie kann lachen, und wir können lachen: was sie
noch alles vor sich hat.“

*

„Verlaufen hat sich Sintflut vorm Ersaufen,
so auch das Unheil mancher Traufen.“ –
„Gib acht, daß niemals wir in unsren Haufen
aus Tand und Abfall uns verlaufen!“

*

„Es lesen schon die Kinder in der Fibel:
‚Wir wollen den Wohlstand verdoppeln.‘“ –
„Doch leider mit verdoppeln sich die Übel.
Was ist, muß sich vielfach verkoppeln.“

*

„Wir kümmern uns trotz vieler Zwänge
um die Zusammenhänge.“ –
„Wird nicht ein Ding interessanter,
nimmt man es auseinander?“

„Ein Wesen. Vor ihm seine Ahnen waren.
Ihm nach sind Nachfahren in Scharen.“ –
„So dunkelwurzelt Stammkraft vielverzweigt,
indes Zweigvielfalt himmelsteigt.“

*

„Eh der große Rauscheregen rann,
zog ihn Laubwerkschütteln an.“ –
„Könnten wir uns alle Zeichen deuten,
zögs uns in die Ewigkeiten.“

*

„Grell Licht sticht Feuerchors Posaunenstöße
ins All. Höchstblenddröhnt seine Größe.“ –
„Zwing nie uns mörderische Flammenqualle
zum letzten Fall in ihre Kralle!“

*

„Blaurund um blumenschöne Sommerwiese,
Bauminseln – grüne Paradiese …“ –
„… als hätt all dies zu unsrer Herrlichkeit
mildferner Gutgott hingestreut.“

*

„Mit Sprüchen geht es wie mit Liebespaaren:
man ahnt, daß es zur Ehe führt.“ –
„Wortpaare. Und wenn zwei im Gleichklang waren,
wird das Drumum mit modelliert.“

„Sticknebelnd Giftschmok aus Chemiegiganten,
nasklemmend Kunz und Hinz.“ –
„Duft zeigt von frischgeschnittner Pfefferminz,
wie weit wir weg uns wandten.“

*

„Grund-Folgen geistern durch die Vierzeilsprüche,
wenngleich sie nicht stets sichtbar werden.“ –
„Wurzelgeschling treibt sich um Ackererden,
schwarzkrumige, und um Steinbrüche.“

*

„Regelloser Werke-Berg,
lauter weiße Raben.“ –
„Das berühmte Regel-Werk
liegt tief drin vergraben.“

*

„Viel Schreiber böten eine höchst infame
Wortkunst: sie schrieben viel vom Schreiben?“ –
„Und viele andre, die Heuchelreklame
leibschmeichelnd und seelfern betreiben?“

*

„Da! Siehst du ihn, feuergehörnten Geck
in Spitze, Gerader, Rundung, Eck …“ –
„Tausend Gedankenvögeln oder -schlangen
gleich ist der Böse nicht zu fangen.“

„Gewohnheit zieht scharf tiefe Rillen
mitten durch unsren Willen.“ –
„Hülf leise nicht schon, an den Rändern
ein wenig uns zu ändern?“

*

„Zufriednes Volk im Festtagselement,
nichts gibts, was es noch wünschen könnt.“ –
„Das Völkchen. Wie es müßigfröhlich bummelt,
indes die Ferne drohend grummelt.“

*

„‚Skurrilapart – wie kams?‘ fragen vieljährige
Träger schlichtguter Hemden.“ –
„Nur immer recht kreuzquer in der Materie,
dann wirds kaum mehr befremden.“

*

„Wenn wild Julihitze steigt,
sich zur Spitze geigt …“ –
„Wenn sich sanfter Abend neigt,
Seele sinnend schweigt …“

*

„Wir eil- und wühlen schwer trotz Mühn und Wettern,
in Bösschlingen uns zu verheddern.“ –
„Den Kindern ist, wie Fachurteile zeigen,
enorm Bewegungsfreude eigen.“

„Betrachten hindert Handeln,
Handeln Betrachten.“ –
„Laß sanft im Geist uns wandeln,
nicht uns befrachten.“

*

„Stolz wirft sich Schlauheit in die Brust:
‚Dies? Hab ich schon gewußt!‘“ –
„Klugheit, um sich nicht selbst zu kränken,
spricht: ‚Wills neu überdenken.‘“

*

„Geduld fitzt manch Gewirre auf,
und ging es noch so krumm.“ –
„Die Ungeduld beim Torschlußlauf
reißt einen Pfosten um.“

*

„Arg haben sie sich abgeprahlt,
wie ihre Himmel taten.“ –
„Wes Himmel aber wahrhaft strahlt,
der hat es nicht verraten.“

*

„Die Hausfrau denkt an magre Zeiten
mit eingewecktem Obst.“ –
„Worüber wir Gedanken leiten,
die, Kargzeit, du kaum lobst.“

„Das Recht schleicht schwer geheime Gänge,
wir wollens ihm verargen.“ –
„Schwarzroben müssen vor der Menge
mit so Kostbarem kargen.“

*

„Wie trotzen wir uns feindlichen Gewalten?
Wie setzen wie menschrecht Signal?“ –
„Mit Lächeln aussichtslose Stellung halten.
So tat der alte General.“

*

„Bild und Gedanke rufen ständig: ‚Achtung!
Uns peinigt tiefre Wahrheit!‘“ –
„Stell weg den Wust hinter Anti-Betrachtung,
stelle ihn ab durch Arbeit.“

*

„Wie machen wir im Denken Friede,
im Herzen reinen Tisch?“ –
„Dem müden Geist scheint meistes müde,
dem frischen vieles frisch.“

*

„Weit ist des Briefeschreibers Tag
vom Tag des Adressaten.“ –
„Weit druckunwilliger Verlag
vom Werk des Literaten.“

„Sag, kann ich fernen Sinn ganz um und um
aus einem Brief erspähen?“ –
„Mußt neugeboren durch das Medium
Wort-Rücksicht-Raum-Schrift gehen.“

*

„Gelingt es uns, Bildern, die in uns sind,
vollständig rechten Weg zu planen?“ –
„Die Mutter kann ihr zukünftiges Kind
nur durch Geduld und Liebe ahnen.“

*

„Vor Augen Bildgestalt – wie dann und wann
weiß Schneider, was ihr steht?“ –
„Mitunter zieht ein Gute-Form-Magnet
gute Gedanken an.“

*

„Ich glaub, man darf der Tageshast
allein mit Ruh begegnen.“ –
„Gelassenheit vor dem Ballast.
Sie einzig soll man segnen.“

*

„So viel ist unerledigt,
hasts oft gepredigt.“ –
„Welt wüstet, daß mans ordne –
sieh das Gewordne.“

„Herrn Nutz gelang, Notgraus zu liquidieren,
Schlimmstrecken des Verzichts.“ –
„Will er uns nicht zum innren Frieden führen,
ist alles Viele nichts.“

*

„Kanns innren Frieden ohne äußren geben?
Erkläre mirs.“ –
„Die Schlachtgans, auserwählt, dies zu erleben,
sprach: ‚Ich probiers.‘“

*

„So schöne Reisen – dennoch das Gefühl,
alles zurücklassen zu müssen …“ –
„Ich fühls zu Haus. Das Hiersein nicht als Ziel,
das Umuns nur geliehen wissen.“

*

„Ein klares Beispiel. Aber ists zu billigen:
Verteufelt Würmerchor?
Nicht Klage nützt, wir sollten ihn vertilgen.“ –
„Geh hin und mach es vor.“

*

„Rauschregen will die ganze Welt
in seine Arme schließen:
Gerausch, -plätscher, Tropfwald, Perlwiesen.“ –
„Sterb Rausch im Wasserzelt.“ –

„Wie liegt mir das Gebot, nicht laut zu sagen,
was zu beklagen ist, im Magen!“ –
„Wenn du nichts sagst, als was sie hören wollen,
belieben sie, dir nicht zu grollen.“

*

„Ewiger Streit: Gefühl gegen Vernunft.
Bös kreuzen sich die Straßen.“ –
„Sorgten Gefühle für Zusammenkunft,
Vernunft wär ohne Maßen.“

*

„Sie klagen über ständig gleiche Wege,
man säh schon, wie es liefe.“ –
„Liefs nicht so, ganz besondre Lösung läge
schwach in Alternative.“

*

„Klarheit der Klassik, nicht zu überbieten,
wie immer wir uns drehen mögen.“ –
„Wir sollten sie wie Edelsteine hüten,
um sie klar unser Streben regen.“

*

„Kindergesicht, so lieb, so offen freundlich.“ –
„Wandel muß seine Wege gehen.
Wer weiß, wo wir es später wiedersehen,
kämpfend, scheinfroh, Sieger vermeintlich.“

„Klein die Kraft – der Winkel nur ist wichtig –,
die den Dom schafft.“ –
„Petersilie gilt nicht kleiner richtig
als Atomkraft.“

*

„Fröhliche Gesellschaft kehrt nach Hause,
abends, unter Straßenlampen –
klingt wie Duft von seltsam schöner Pause …“ –
„Und ist bloß Vorüberschlampen.“

*

„Sind Sprüche gut, soweit sie knappe Klarheit
in ihres Schreibers Kopf betreffen?“ –
„Man sollte sie als allgemeine Wahrheit
nicht in die Welt hinüberkläffen.“

*

„Vom Kühlschrank fiel ein Stückchen Eis flugs hinter
die Flaschen, durfte klickend klopfen.“ –
„Kaum ein Problem. Wir sind ja nicht im Winter.
‚Da war ich!‘ blinken lustig Tropfen.“

*

„Per Auto-, Flugzeug-, Schiffszusammenstoß
will uns der Teufel stündlich äffen.“ –
„Muß alles sich, obwohl die Welt so groß,
stets an der engsten Stelle treffen?“

„Bestehen und besitzen. Von den Höhen
des Lebens ja kein Gramm verpassen.“ –
„Höchstjeder strebt, auf sein Recht zu bestehen,
niemand mag seinen Stuhl verlassen.“

*

„Splittergewirbel klirrt: hier stürzts, da brichts,
Ohren und Schadenfreudsinn labend.“ –
„Welt feiert vor der Hochzeit mit dem Nichts
frohwütend ihren Polterabend.“

*

„Wieviel Worte wir gesprochen haben
an einem Tag, zu zählen wagen,
wäre interessant.“ – „Und wieviel Gaben
gewesen sind und wieviel Plagen.“

*

„Sackweis Zungenschlag in Welt samt Ecken
schließt nicht unbedingt Sprachwert ein.“ –
„Zunge, gut zum Schmecken und Ausstrecken,
kann oft schärfer als ein Schwert sein.“

*

„Er strebte nach Veränderung. Doch ist er
nun auch im Neuen nicht zufrieden.“ –
„Zwar nah, sind Um- und Inuns Polgeschwister,
jenes ist diesem ewig Süden.“

„Daß Sprüche, die so manches drehn und wenden,
ein wenig mehr Beachtung fänden!“ –
„Wenn alle klugen Sprüche Wirkung hätten,
könnt Welt sich nicht vor Bravheit retten.“

*

„Ein Geist? Die zwei, die Buch um Buch gestiftet,
wie haben die sich angegiftet.“ –
„Sah beide antiquarisch engst gerückt –
das Ich im Werk: friedstill geglückt.“

*

„Doch wollen Schriften über Grabesrändern
noch eiferstumm einander ändern.“ –
„Kaum jemals werden Wort- und Bildgebärden
sich schriftweis sehr gefährlich werden.“

*

„Der Welt und seine Beulen
gleichsinnzuheilen …“ –
„Ein braver Kritikaster
klebt keine Pflaster.“

*

„Heuchelei und Korruption. Dichtbei
Korruption und Heuchelei.“ –
„Sollen sie, statt unsre Seel zu tünchen,
lieber uns im Ganzen lynchen?“

„Wenn wir zum Weg sähn, nicht nur Nas hochreckten:
wie viel zertretene Insekten.“ –
„So walzt das allgemeine Weltenrad
Individualismus glatt.“

*

„Besser ists, zu trotzen, arme Haseln,
Rück an Rücken Jägertücken,
als von Wendung hinundherzufaseln.“ –
„Müßt schon ins Geschick euch schicken.“

*

„Da hat er seinen Geber nun schockiert.
Spätfreude kommt dann etwas spät.“ –
„Es werde heute freundlich akzeptiert,
was jahrelang sonst Reue sät.“

*

„Spreizspinne, Schnarrschrecke,
Schilfspielschnake …“ –
„Schnellsprechschnipselschlecke,
Spaßschaumstake …“

*

„Ziemlich viel, was vorliegt und lang ansteht …“ –
„Tjajaja, wenn man nicht drangeht.
Laufendem sich widmen, zäh es fortsetzen!
Übergehn die Sprüche-Wortfetzen.“

„Das große Haus ist grau.
Die Luft ist blau.
Der Himmelsraum ist rot.“ –
„Hilfe ist not.“

*

„Gewöhnung schiebt, ein riesenhafter Schrapper,
im Bösen wie im Schönen.“ –
„Und droben zwischen Zeitwinds sausend Tönen
Auslugfenstergeklapper.“

*

„Er wundert sich, daß seine Eheliebste
ihm stets den gleichen Kuchen bäckt …“ –
„… wo er – man möchte sagen: auf das trübste –
stets an den gleichen Versen heckt.“

*

„Sag, kennst du den Herrn Flitz?
Er möchte nicht ruhn.“ –
„Gib ihm nur viel Besitz,
dann hat er zu tun.“

*

„Im Nachtschwarz wird des Menschen Ausblick klarer,
als je ihm hastigbunter Schein zeigt.“ –
„Grübelnde Seele nun Problemmeerfahrer,
bis grau durchs Fenster Tag hereinsteigt.“

„Nicht Traum, mild Wachliegen kann Wertmaß zeigen,
Licht, das aus dunklem Spiegel blickt
und das uns mahnt.“ – „Tagwort ist nicht geschickt,
Nachtbild zu schildern. So bleibt Schweigen.“

*

„Husch! Zahllos Funken seh ich farbig glimmen
auf grenzenlosem dunklem Grund?“ –
„Es sind die Seelen, die weltmüd und wund
den Zeitenstrom hinunterschwimmen.“

*

„Mensch: Pionier der Räume und der Zeiten.
Grenzsteine setzt er, hißt Standarten.“ –
„Glaubt sich allein. Wenn plötzlich aus Allweiten
ihn dunkle Augenreihn anstarrten …“

*

„Wie strahlt ein kleines Licht durch Finsternis,
wie ragt aus Fläche Kaum-Erhebung,
wie wirkt im Weltfragment der Tod gewiß.“ –
„Alles im Leben ist Umgebung.“

*

„Ein Riesenland. Völker in langen Zügen
vom Morgen- bis zum Abendrot
durchziehen es. Und dies nicht zum Vergnügen.“ –
„Das Land ist groß. Und groß die Not.“

„Der scharfe Geist: wie eine Messerklinge
schneidet er tief in alle Dinge.“ –
„Mehr Ehrfurcht und nicht zu viel scharfer Sinn:
wir säßen nicht so arg tief drin.“

*

„Und wieder höre ich ihn scherzhaft mäkeln,
wir würden still vor uns hin krökeln.“ –
„Ja, Freundschaft will auch Interessen pökeln,
und Ehrlichkeit muß sich wohl häkeln.“

*

„An Sonnen, Erden, Tropfwelten, Atomen
zerplagt sich Mensch um Nutz und Omen.“ –
„Als Larifari und Papperlapapp
tut kalt das All dergleichen ab.“

*

„Peter streckte seine Nase
artig hin. Zum Schlag?“ –
„Weiß wird Schwarz, denn mit Emphase
sagts ihm guten Tag.“

*

„Obwohl sein Blick kaum über Nase drang,
machte er die den andern lang.“ –
„Wenn zu keck jemands Nase um sich schaut,
gibts allemal wen, der drauf haut.“

„Der Riese Fraß: ‚Seht, ich bin riesengroß!‘
Der Mensch: ‚Nein, ich! Nehm dich in Kauf.‘“ –
„Was schnarrt dort? Horch!“ – „Da zieht bedenkenlos
ein Nächstes schon sein Uhrwerk auf.“

*

„Schaut denn ein Gott aus fernem Sternenwind,
wie Sein Tod und Tod Sein zerstückelt?“ –
„So schnell das Diesseits seinen Faden spinnt,
wird er vom Jenseits aufgewickelt.“

*

„Wenn schwarze Wolken sich begegnen
am Himmel, muß es regnen.“ –
„Wenn Schwarzseelen Weltglanz wegpaschen:
kein Regen darfs blankwaschen.“

*

„Dem Wert welch Spott: Das Schwere sinkt,
hingegen Leichtes steigt.“ –
„Und glatte Bahn ist, wie mich dünkt,
uns Menschen sehr geneigt.“

*

„Warst jüngst du mit auf dem Poetentag?“ –
„Da sprach Herr Kakadu:
‚Mein Licht? Noch weiter reichts halt nicht. Ich frag:
Wärs tiefer hell, wozu?‘“

„Das Kind sagt: ‚Oma, sieh den Flieger!
Er ist gewiß viel klüger.‘“ –
„Die Alte sagt: ‚Gut, gut. Er findt
ein Labyrinth, mein Kind.‘“

*

„Uns als ziemlich Letzte des Geschlechts
plagt extrem: links oder rechts?“ –
„Könnten Wegwirr wir als Vogel schauen,
fräß uns labyrinthisch Grauen.“

*

„Er machte sich dran, räumte auf den alten
Kramschrank, lang hielt der still wüstbunt.“ –
„Hm. Ordnung gehts wie einem Damenmund,
ist leicht zu machen, schwer zu halten.“

*

„Höchst unterschiedlich Glieder einer Reihe,
gar weil ich am Sortieren Spaß hab?“ –
„Gäbs Nachtigallen nicht und Menschenhaie,
wertendem Geist fehlte der Maßstab.“

*

„Kreuzgewölb-Steinkronenreih, allzeit
machst Gipfel du der Bauerei kund.“ –
„Schönheit und Vertrauenswürdigkeit
und Zweck – nicht oft gabs solchen Dreibund.“

„Daß Worte recht in Kleid und Schuhe passen,
muß jeder Schreiber etwas pressen;
auch Apostrophe fleißig fortgelassen." –
„Macht Bogen sichtbar vorher Messen?"

*

„Für Unterstützung in Betracht kämen
handelswillige Länder?" –
„Vor einer Hilfe gegen Pfänder
sollte man sich in acht nehmen."

*

„Die Kinder spielen Krieg. Heraufbeschworen
ein Panorama alter Sünden." –
„Das Kriegen scheint dem Menschen eingeboren.
So wird er schwerlich Frieden finden."

*

„Ein Reich, das in der Zukunft harrt,
ist noch nicht abzusehen." –
„Laß unser Hier drum, selbst wenns narrt,
recht sehr hin und her drehen."

*

„Hilft durch finstren Gang, drin Nachtmeerfluten
strömen, irgendein Geländer?" –
„‚Fortbestand' funkt unstörbarer Sender,
leis auch ‚Fortbestand des Guten'."

„Sieh, Rückschau, uns auf bunter Reihe Tagen
        kleindialogisch bogenschlagen.“ –
„Ob sie mehr, als wir anfangs wollten, sagen?
        Wie Kinder Eltern überragen?“

*

„Nach Herzenslust haben wir reimgebadet.
        Doch ob das jemand anspricht?“ –
„Klar jedenfalls ist, daß es niemand schadet.
        Und klar zeigts unsre Ansicht.“

*

„Wenn vieles sich gleich altgut reimt,
        nichts wurde abgeschrieben.“ –
„Es ist, wie einen Traum geträumt
        und Farbe draus gerieben.“

*

„So. Das waren die Sachen,
        die uns stachen.“ –
„Kluge Spruchverse machen –
        Welt wird lachen.“

INHALTSÜBERSICHT